JN086392

これからの防災

監修：近藤誠司（関西大学教授）

＼身につけよう！／
自助・共助・公助

1　地震・津波

ポプラ社

もくじ

この本の使い方

地震・津波の災害について学ぶ
（6〜11、28〜31ページ）

過去に地震・津波の被害を受けた地域や、地震・津波によって発生する被害、地震・津波が起こるしくみについて学びます。

実際に災害対策や行動を考えてみる（シミュレーション）
（12〜27、32〜41ページ）

地震や津波が起こった時に、設問の場面で自分なら何に気をつけるか、どう行動するかを考えてみましょう。

テーマとなる災害対策のマーク

（くわしくは4〜5ページ）

問題

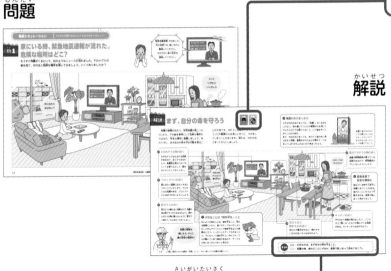

解説

テーマとした災害対策で、大切なポイントをまとめています。

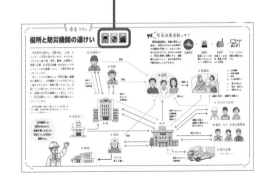

プラスワンコラム

さらに知っておきたい災害対策について、説明しています。

※この本にのっている情報は、2022年1月現在のものです。

登場人物しょうかい

マモル先生
小学校をまわって、自然災害や防災のことを教えてくれる先生。

ダイチ・メグミ
ボーサイ東小学校の4年生。

災害にそなえる 3つのチカラ

自然災害から自分たちの命や地域を守るために、自分、地域、公的機関の3つの視点で、災害にそなえましょう。

しっかり自然と向きあいながら 災害対策を考えよう

わたしたちの住む日本は、南北に長い形をしていて四季があります。海や山にかこまれた平野が多くあり、水の資源も豊かです。しかし、ふだんは豊かなめぐみをあたえてくれる自然も、時々地震や津波などの災害を起こすことがあります。わたしたちの命とくらしを守るために、あらかじめ災害対策を考えておきましょう。

災害対策には、大きく分けて、自分で自分を守る「自助」、地域の人が協力して自分たちを守る「共助」、公的機関が住民を守る「公助」の3つがあります。まず、大切なのは自分の命です。しかし、となり近所や地域の人、公的な支援をしてくれる人、みんなで協力し合わなければ、災害を乗りこえることはできません。

一人ひとりが「こまったときはお互いさま」の気持ちで行動できれば、より多くの命を救い、被害を小さくとどめることができるでしょう。

3つの災害対策の 協力と連けいが大切

「自助」「共助」「公助」は、災害対策を分担して、ただ“おまかせする”という考えではありません。協力・連けいすることで、より被害を小さくすることができると考えられています。

自助
～自分自身で自分を守る～

自分の命を自分で守ること。また、災害にそなえて自分でできることを考え、取り組むこと。

共助

～地域で助け合って守る～

家族や学校、地域の人たち
（町内会、自治会など）と協力して、
災害対策をしたり、災害時に
助け合ったりすること。

災害時には、

「こまったときは
お互いさま」の気持ちで
助け合おう

公助

～市や県、国などによる支援～

市区町村や都道府県、警察、消防、
自衛隊などの公的機関が
災害対策を立てたり
支援したりすること。

日本で起こった地震の災害

昔から、日本には地震が多いといわれています。
近年に起こったいくつかの地震について調べてみましょう。

1995年 兵庫県南部地震

※6～7ページの地図の震度は、
■=7、■=6(強・弱)、■=5(強・弱)、□=4、■=3、■=2、□=1。

1995(平成7)年1月17日5時46分、兵庫県南部を震源*とする地震が発生しました。この地震による災害を「阪神・淡路大震災」といいます。神戸市、西宮市などで観測史上はじめて震度*7を観測しました。ビルや高速道路などがたおれ、死者6434人、行方不明者3人という大きな被害をもたらしました。

地震でたおれた高速道路。

[写真：朝日新聞社／Cynet Photo]

震源

震度の広がり。
出典：気象庁ウェブサイト「『阪神・淡路大震災から20年』特設サイト」より作成 (2021年11月24日利用)

出典：「阪神・淡路大震災について(確定報)」(消防庁)より作成

6　*震源：地震の起こった場所。*震度：地震のゆれの大きさを表すもの。（ともにくわしくは11ページ）

2011年 東北地方太平洋沖地震（とうほくちほうたいへいようおきじしん）

2011（平成23）年3月11日14時46分、東北地方の三陸沖の海底を震源とする地震が発生しました。この地震による災害が、「東日本大震災」です。宮城県で震度7を観測しました。また、東北や関東地方の太平洋沿岸の地域を大きな津波がおそい、多くの被害を出しました。死者、行方不明者は、2万2303人（関連死ふくむ）となりました。

出典：「令和3年版 防災白書」(内閣府)より作成

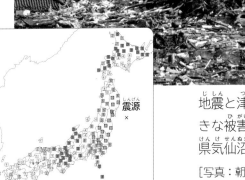

震度の広がり。
出典：気象庁ウェブサイト「平成23年（2011年）東北地方太平洋沖地震」より作成（2021年11月24日利用）

地震と津波、火災で大きな被害を受けた宮城県気仙沼市。

[写真：朝日新聞社／Cynet Photo]

2016年 熊本地震（くまもとじしん）

2016（平成28）年4月14日21時26分、熊本県に地震が発生しました。2日後の16日1時25分に再び地震が発生し、震源に近い熊本県益城町では震度7を観測しました。九州新幹線の車両が脱線し、熊本城は大きな被害を受けました。また、九州地方の各県でも、強いゆれを観測し、死者、行方不明者は、273人（関連死ふくむ）となりました。

出典：「令和3年版 防災白書」(内閣府)より作成

4月16日の地震の震度の広がり。
出典：気象庁ウェブサイト「平成28年（2016年）熊本地震」（2021年11月24日利用）

地震で石垣やへいがくずれた熊本城。

[写真：朝日新聞社／Cynet Photo]

地震が起こるとどうなるの?

地震が起こると、わたしたちのくらしに、どのような影響をおよぼすのでしょうか。おもな被害を見てみましょう。

地震の被害

強いゆれによる被害

　大きな地震が起こると、強いゆれによって家やビル、電柱などがこわれてしまいます。また、ブロックべいがたおれてきたり、ビルからガラスの破片が降ってきたり、看板などが落ちてきたりする危険があります。

　道路や鉄道が被害を受けて人や物の行き来ができなくなったり、電気・ガス・水道が使えなくなったりすると、生活することが難しくなります。

建物や道路などがこわれる。

停電で信号が使えなくなると交通も止まる。

地面の変動による被害

　地面の変動やずれによって、地面が割れたり（地割れ）、地面がしずんだり（地盤沈下）することがあります。すると、家がかたむいたり、道路にひびが入ったり、地下にうめてある水道水を送るための配管がこわれて水が使えなくなったりする被害が発生します。

地割れ。

地盤沈下。

液状化による被害

　川や海に近い場所やうめたて地、砂を多くふくむ土地などで、強いゆれが起こると、地面が液体のような状態になることがあります。これを「液状化」といいます。建物や車がしずんだり、マンホールがうき出したりします。地面から水や砂がふき出すこともあります。

液状化。

土砂災害による被害

　強いゆれによって、山の斜面の一部がすべり落ちる地すべりや、がけが突然くずれ落ちるがけくずれなどの土砂災害が起こることがあります。

※土砂災害が起こるしくみは2巻28ページ。

がけくずれ。

地すべり。

火災による被害

　建物が強くゆれたりこわれたりすると、使用中のストーブなどの暖房器具やコンロなどの調理器具から、火災になることがあります。漏電（電気がもれること）したり、停電が復旧した時に、いたんだ電気コードから出火したりすることもあります。

火災。

津波による被害

　海の沖合（海溝部）で地震が起こると、津波が発生することがあります。津波が沿岸部の町におしよせると、大きな被害を発生させます。

※津波の被害は28ページ、起こるしくみは30ページ。

津波。

地震はどうして起こるの？

地震はどのようにして起こるのか、そのしくみを見てみましょう。
地震が起こるしくみには、おもに２通りの原因があります。

 ## 地震が起こるしくみ

（ プレートのさかい目で起こる地震 ）

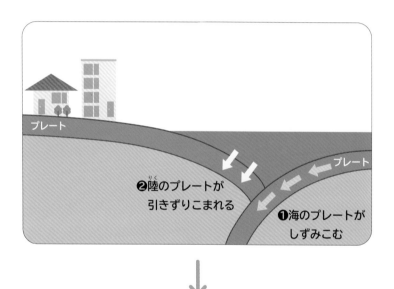

プレート
❷陸のプレートが
引きずりこまれる
プレート
❶海のプレートが
しずみこむ

地球の表面は、「プレート」という何枚もの岩の板でおおわれています。プレートは、それぞれゆっくりと１年に数cmのスピードで動いています。

海のプレートが陸のプレートの下にしずみこむと、陸のプレートは引きずりこまれます。

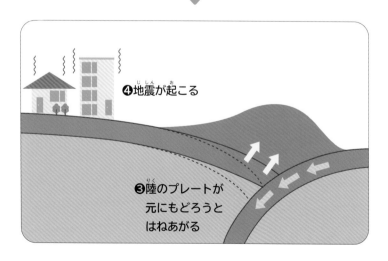

❹地震が起こる
❸陸のプレートが
元にもどろうと
はねあがる

引きずりこまれた陸のプレートが、元にもどろうとしてはねあがると、地震が発生します。そして、大きな津波を引き起こすこともあります。

このように、海底が深くて長い溝のようになっている場所（海溝）で起こる地震を「海溝型地震」といいます。

10

断層のずれで起こる地震

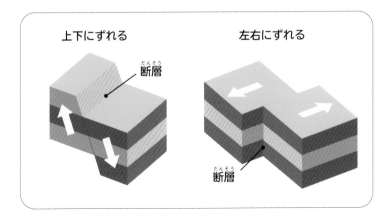

上下にずれる　　　　左右にずれる

断層

断層

　海のプレートが、陸のプレートをおしたり引っぱったりする力が地面にたまり、その力にたえきれなくなると、弱い地面が割れて上下や左右にずれてしまいます。これを「断層」といいます。そして、断層が動いた時に、地震が発生します。

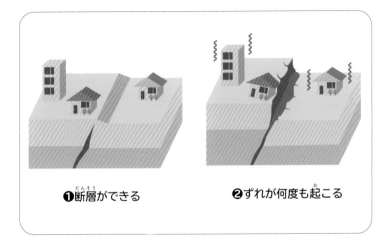

❶断層ができる　　　　❷ずれが何度も起こる

　断層はほかの地面より弱いので、たびたびずれが起こり、地震が起こりやすくなります。大昔からずれがくり返し起こり、これから先も起こりそうな断層を「活断層」といいます。
　断層による地震は、陸地や沿岸部の浅いところで起こります。このような地震を「直下型地震」といいます。

震度とマグニチュード

　「震度」や「マグニチュード」は、地震の程度を表すものです。地震のゆれの大きさを「震度」、地震のエネルギーの強さを「マグニチュード」で表し、国の機関である気象庁が発表します。
　多くの場合、地震が起こった場所、「震源」の近くでは震度が大きくなり、遠くはなれると小さくなっていきます。ゆれは、「0、1、2、3、4、5弱、5強、6弱、6強、7」の10段階です。一方、地震の規模を表すマグニチュードは、1つの地震において、1つの数値が決まります。

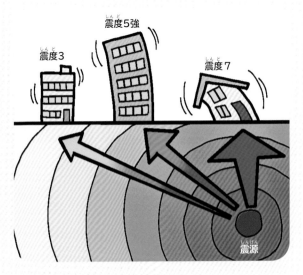

震度5強

震度3

震度7

震源

家にいる時、緊急地震速報が流れた。危険な場所はどこ?

もうすぐ地震がくるという、右のようなニュースが流れました。下のメグミの家を見て、ゆれると危険な場所を探してみましょう。いくつありましたか?

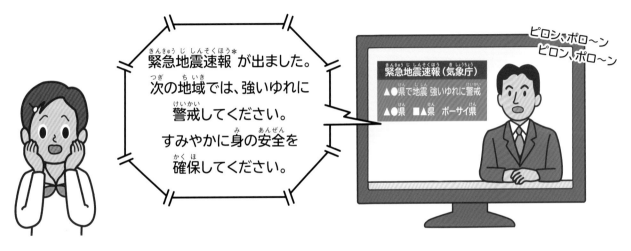

次のページの解説を見てみよう

*緊急地震速報：地震発生直後に、各地でゆれはじめる時刻や震度を予想して知らせる情報。（くわしくは17ページ）

まず、自分の命を守ろう

自助／共助

地震の速報が出たり、突然地震が起こったりしたら、下の絵を参考にして危険な場所からはなれ、安全な場所に避難しましょう。あわてずに、まず自分の命を守る行動を取るこ

とが大切です。ゆれている時に、キッチンのコンロや暖房の火を消しに行くと、けがをしてしまうことがあります。消火は、ゆれがおさまってからにしましょう。

たおれそうな物の近く

大きなテレビはたおれる危険があるので、近くからはなれよう。転倒防止用のベルトやシートを使うなどして、動かないようにしておくとよい。

ブロックべいの近く

庭に出たり道路に出たりすると、ブロックべいがくずれ、下じきになる危険がある。ブロックべいには近づかないようにしよう。

窓ガラスの近く

窓ガラスが割れると危険なので、地震の時は窓ガラスからははなれよう。割れたガラスが飛び散らないように、窓ガラス用のフィルムをはっておくとよい。

そばにあるクッションで頭を守ろう

緊急地震速報（気象庁）
▲▲県で地震 強いゆれに警戒
▲▲県 ■▲県 ボーサイ県

地震の速報を
聞いたら、すぐに
身の安全の確保を！

大切なことは「頭を守る」こと

なにより大切なことは、頭を守ること。例えば居間にいたら、遠くのテーブルに行くよりもしゃがんでクッションで頭を守るなどの姿勢をとろう。しっかりしたテーブルがあったら、下にもぐって頭を守ろう。ゆれでテーブルが動いてしまう場合があるので、テーブルのあしをつかんでおくと安心だ。

＊余震：最初の大きな地震を「本震」といい、それに続く小さな地震を余震という。

✎ 地震がおさまったら

大きなゆれがおさまっても、「余震*」がくるかも
しれない。落ち着いてコンロや暖房の火を消して、
げんかんのドアを開けておこう。にげ道を作って
おくことが大切だ。
また、ゆれがおさまっても、あわてて家の外に飛
び出すと危険。屋根のかわらなどが落ちて、けが
をしてしまうかもしれないので気をつけよう。

地震で家がゆがみ、
ドアが開かなくなる
かもしれないので、
ゆれがおさまったら
ドアを開けておこう。

このテーブルの
下にもぐろう

✎ 落ちてきそうな物の近く

部屋の照明器具が落ちてくる
危険があるので、照明器具の
下にいないようにしよう。

✎ 家族全員で 安全な場所に

夜ねている時や入浴中に、
地震にあうこともある。
家のどこにいたらどう行
動するかを、家族で話し
合って決めておこう。

✎ キッチンの近く

戸だなから食器が飛び出したり、コンロ
の上で熱くなったなべが飛んでくる危険
がある。キッチンからははなれよう。

✎ 花びんなど 割れものの近く

花びんや植木ばちなど、割れやす
いものの近くからははなれよう。

まとめ
自助：大切なのは、まず自分の命を守ること。
共助：地震の時、家のどこににげるか、家族で話し合って決めておこう。

役所と防災機関の連けい

自助・共助・公助

市区町村の役所は、災害が起こった時、中心となって住民の命を守ります。そのため、ふだんから国や県、消防、警察、自衛隊や、地域の企業、自主防災組織*（自治会などが中心となって作る組織）などと、災害対策を話し合っています。

また、大きな災害時には、救助活動や避難所の運営など、公的機関だけでは対応できない場合があります。被害を軽くするには、住民どうしの助け合いがかかせません。そのため、地域の自主防災組織などに協力してもらい、防災訓練をしたり、避難行動計画を立てたりしています。

＊自主防災組織：地域で災害にそなえて自主的に作られた組織。自主防災隊や自主防災会ともいわれる。
（くわしくは2巻34ページ）

公的機関には限界があるので、被害を軽くするには住民どうしの共助が重要だね

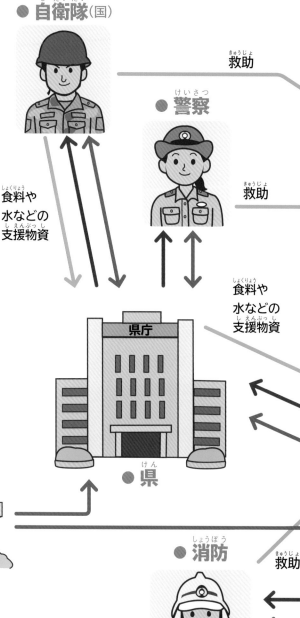

● 自衛隊（国）

救助

● 警察

救助

食料や水などの支援物資

食料や水などの支援物資

県庁

● 県

● 気象台（国）

● 消防

救助

● 病院

けが人や病人を運ぶ

緊急地震速報って？

緊急地震速報は、地震が発生した直後に、各地でゆれはじめる時刻やその震度を予想して、なるべく早く知らせるものです。ゆれはじめる前に、安全な場所に避難したり、自動車を止めたりして、自分の身を守る行動を取ることができます。

地震発生

地震計
震源の近くの地震計でゆれはじめたことを感知する。

▶

気象庁
地震がくる時刻、震度の予想などを発表。

▶

テレビ・ラジオなど
地震の情報を知らせる。

● **住民**

避難する →

● **避難所**

● ：公的機関
● ：地域の組織
● ：住民
● ：その他企業など

← 協力を求める
← 救助、支援する
← 情報を伝える

救助など

避難の手助け、避難所の運営など

● **自主防災組織**

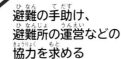

食料や水などの支援物資。避難所の運営など

避難の手助け、避難所の運営などの協力を求める

●**市**

市役所

● **電気・ガス・水道の事業者**

復旧を求める

緊急物資輸送車

● **協力企業**
（食品、運送など）

食料や水などの支援物資

避難所まで危険な場所を通らないで行く道すじを探そう

下の絵はメグミの家のまわりの地図です。地震の後、危険な場所を通らずに避難所まで行く道すじを考えてみましょう。

余震が
あるかも
しれないね

家が危険な
状態だから
避難所へ行こう

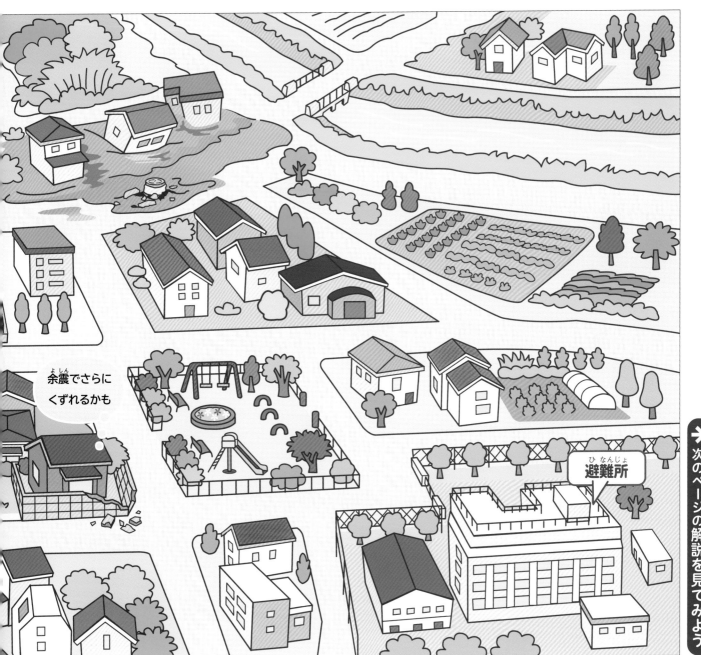

→ 次のページの解説を見てみよう

危険な場所を調べておこう

自助 共助

地震が起こった時に、危険な場所のポイントを見てみましょう。地震は続けて起こる場合があるので、今大丈夫でも余震でたおれたりくずれたりする危険がある場所には、近づかないようにしましょう。

下の絵を参考にして、あらかじめ避難する場所までの道すじを、家族で考えておきましょう。道すじは1つではなく、いくつか考えておくとよいでしょう。また、ふだんから家の近くで危険だと思う場所があったらチェックしておきましょう。道すじを決めたら、実際に家族や近所の人と歩いてみましょう。

どの道で避難するのがよいか、被害の状況も手がかりにして考えよう

トンネルの中

地震でひびが入ったトンネルが、くずれる危険がある。また、通っている時に余震が起こるかもしれない。

大きな看板の近く

看板がたおれてくるかもしれない。下じきになる危険性があるので、近づかないようにしよう。

ガラスばりのビルの近く

窓ガラスが割れて落ちてくるかもしれない。破片がささると危険なので、近づかないようにしよう。

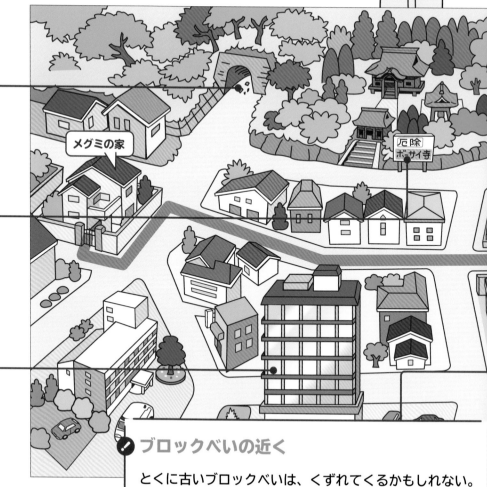

メグミの家

厄除 ボーサイ寺

ブロックべいの近く

とくに古いブロックべいは、くずれてくるかもしれない。下じきになる危険性があるので、近づかないようにしよう。

✏ 避難する時は「おはしもて」

学校など、大勢で避難する場合には「おはしもて（おさない・走らない・しゃべらない・もどらない・低学年優先）」に気をつけよう。「お」「は」は、あわてておしたり走ったりすると、ころんでけがをする。「し」は、しゃべっていると先生の指示が聞こえない。「も」は、もどると避難がおくれるので危険。そして、「て」は、低学年の子をいたわり、いっしょににげようということを表している。しかし、津波などの危険がせまっていたら、もちろん走らなくてはならない。状況によって「考えて判断すること」が大切だ。

おさない

はしらない

しゃべらない

もどらない

ていがくねんゆうせん

✏ 川や橋

橋は落ちるかもしれない。また、川は津波の影響で水が増えるかもしれないので、近づかないようにしよう。

✏ 液状化した地面

液状化すると、その土地に立っている建物がかたむくので危険。また、水や砂がふき出したり、マンホールが飛び出したりすることもある。

避難所

まとめ　自助：地震の時に避難所まで危険をさけて行く道すじを考えておこう。
　　　　　共助：大勢でにげる時は「おはしもて」に気をつける。

21

地震による火事を発見した。どのように行動したらいい?

ダイチは外で地震にあい、家に帰るとちゅうに路地で火事を見つけました。最初にどのように行動したらよいか、下の絵を見て考えてみましょう。

地震のゆれで、
ストーブがたおれたり、
電気がもれたりして
火災が起こることが
あるんだ

火災が起こったら
どうしたら
いいんだろう

電車、動いて
いるかな

ボーサイ駅 ➡
BOSAI sta. 300m

消防署までは
少し遠いね

東消防署 ➡
HIGASHI Firesta. 500m

公衆電話が
あるよ

コンビニ

やきたてパン

➡ 次のページの解説を見てみよう

火事をまわりの人に知らせよう

自助

共助

火事を発見したら、すぐにまわりの人に「火事だ！」とさけんで知らせましょう。自分の身を守ることも大切です。火事が起こった家から火の粉が飛んでくるかもしれないので、近づかないようにしましょう。

道や近くの店などを見て、大人が近くにいたら、火事が起こっていることを知らせましょう。大人がいない時でも、できることはあります。下の絵から、どんな時にどのようなことができるのかを見てみましょう。

🔘 消火に必要な水を出す消火栓

消火栓は、すばやく消火活動をするために、消火に必要な水を出す設備。どこで火災が起こっても、すぐ水を出せるように、街の中に決められた間隔ごとに設置されている。目印の標識があることも多い。消火栓のふたの上に、自転車などの物を置かないようにしよう。消火栓は、消防士が消火活動をする時に使うことが多いが、だれでも使うことができる。

［写真：大東四條畷消防本部］

火事だー！

🔘 消火器を使う（近くに大人がいない時）

消火器の使い方＊を知っている場合は、火がすぐ近くにあり、小さいうちは消火器で消そう。しかし、絵のように家の2階から出火してかなり広がっている時は、消火器で消すのは難しい。無理に消そうとすると危険だ。

🔘 近くの大人に伝える

近くに大人がいる場合は、どこで火事が起こっているかを伝えよう。そして、消防署に通報してもらったり、いっしょに消火器やバケツリレーで消火したりしよう。

＊消火器の使い方：手順は、1安全栓をぬく、2ホースを火元に向ける、3レバーを強くにぎって放射。大人といっしょに消火器の使い方を学んでおこ

✔️ 地震や津波によって起こる火災

地震や津波が起こると、使っているコンロや暖房器具の火がほかの物に移って、火事が起こることがある。小さい火なら、消火器で消すことができる。家の中で出火した場合、天井まで燃え移っていなければ、消し止められる可能性がある。

ただし、無理をしてはいけない。火災で亡くなる人は、けむりの有毒ガスや熱をすったことが原因の場合が多いので、けむりをすいこまないように気をつけよう。

けむりは上にいく性質があるので、にげる時は姿勢を低くし、ハンカチや布で口と鼻をおおう。

ボーサイ駅→
BOSAI sta. 300m

東消防署→
HIGASHI Firesta. 500m

✔️ 交通が止まる

地震が起こると、線路がゆがんだり、電線が切れたり、道路がこわれたりして、電車やバスが動かなくなることもある。

✔️ 消防署に知らせる
（大人が近くにいない時）

絵の場所から消防署は遠いが、すぐ近くに消防署があったら、かけこんで知らせてもよい。消防署は火事の通報を受けると、消防士が消防車を出動させて、火災現場に向かう。

✔️ 119番に通報する（近くに大人がいない時）

火事を119番に通報する時は、火事が起こった場所の住所や目印となる建物などをはっきり伝えよう。ただし、災害時には、人手が足りず、つながらなかったり、消防士がすぐに到着できなかったりすることがある。

携帯電話がなくても公衆電話があれば、緊急通話（警察の110番や消防の119番、海上の事件・事故の118番）を無料でかけることができる。

まとめ
自助：火の粉が降ってくるかもしれず危険なので、火事に近づいたりしない。
共助：火事を発見したら、すぐに大声でまわりの人に知らせる。

消防署の役割と地域の連けい

 自助
 共助
 公助

　119番（消防指令センター）に火事や救急の通報が入ると、その地域の消防署に連絡が入ります。地震などの大きな災害が発生すると、全国の消防機関が「緊急消防援助隊」を作ってお互いに応援し合う態勢をとります。そして、けが人や病人をすばやく病院に運んだり、火災現場にかけつけ、消火活動をしたり、地震でくずれた建物に閉じこめられた人を助けたりします。

消防署は大きな災害の時、命の危機にひんした人を救うため、優先順位を決めて活動するんだ

出動

火事・救急発生 →通報→ 消防指令センター →指令→ 消防署・出張所 →連絡→ 消防団 →出動→ 火災現場など

※「消防指令センター」は、地域によって名前がちがう。

救急活動

　消防署の救急活動は、災害時に重要な役割をはたします。すぐに治療が必要なけが人や病人を、救急車でなるべく早く病院に運びます。命の危険がある人には、医師と連絡を取りながら、救急救命士が救命処置をします。
　大規模な災害で多くのけが人が出た場合は、災害現場で応急救護所として活用する特殊救急車、スーパーアンビュランスが出動します。

けが人を病院に運ぶ救急隊。

スーパーアンビュランス。車体が左右に広がって、最大8つのベッドをそなえることができる。

消防団って何？

消防団は公的な機関ですが、自分たちの地域は自分たちで守ろうという住民の有志で成り立っています。消防団員は消防署の消防士とはちがって、ふだんは別の仕事をしています。災害が起こると出動し、消防士と協力して消火活動やけがをした人の救助などをします。また、地域のことをよく知っているので、すばやく行動することができます。

消防署と消防団の合同訓練のようす。

消火活動

地震や津波によって、大きな火災が起こることがあります。ビルなどの高い建物の火災は、ヘリコプターやはしご車を使います。水では消火できない石油コンビナートなどの火災は、化学車の消火剤で消火します。また、火災を減らすために、火災の原因や燃え方などを調べます。

事故を起こした車の火を消す消防士。

救助活動

火災や交通事故、水上の事故、災害などでにげおくれたり、建物に閉じこめられたり、動けなくなったりした人を、レスキュー隊という特別な訓練を受けた隊員が出動して助け出します。暗い所でも見えやすいように、オレンジ色の服を着ています。

ビルや海上から、けが人を運ぶレスキュー隊。

防災活動

火災を防ぎ、被害をできるだけ小さくするために、住民の防災に対する意識を高める活動をします。火事が小さいうちに消火器を使って消火する方法や、消火栓の使い方、避難訓練などの指導を行います。

消火栓からの消火を指導する消防士。

津波が起こるとどうなるの?

海底で地震が発生すると、大きな津波が起こることがあります。
津波は、わたしたちのくらしに、どのような影響をおよぼすのでしょうか。

津波の被害

人や建物が流される

津波の力は強いので、30cmの高さの津波でも、大人が立っていられないほどの力で人や建物、車などをおし流します。おしよせた波が海にもどる「引き波」の力も強く、人やがれきなどを、簡単に海に引きこんでしまいます。また、津波は何回もおしよせたり、あとからくる津波の方が高くなったりする場合もあります。いったん津波が引いたからといってすぐに避難所から家にもどると、あとからきた津波に巻きこまれる危険があります。

東日本大震災で津波の被害を受けた宮城県気仙沼市。
[写真：朝日新聞社／Cynet Photo]

街がこわされる

津波が陸地におしよせると、建物や自動車、電柱などが流され、こわれてしまいます。そして、建物がこわれた時に出るがれきが、街に流れこみ、人や物の行き来ができなくなったり、電気・ガス・水道が使えなくなったりします。

おす力

引く力

津波はおす力だけでなく、引く力も強い。

津波火災による被害

津波で流された自動車のバッテリーから出火してガソリンに燃えうつったり、家庭用のプロパンガスが爆発したり、切れた電線から火花が出たりして、火災が起こることがあります。建物から出たがれきや、石油タンクから流れ出た油に燃えうつると、さらに被害は大きくなります。

津波火災。

田畑の被害

田畑に海水が流れこむと、作物が流されたり育たなくなったりして、収穫ができなくなってしまいます。工場の排水や薬品、車のガソリンなどが流れこみ、汚染された土をすべて入れ替えなければならなくなることもあります。

車のガソリンなどが作物に被害をもたらす。

広いはんいで起こる津波の被害

津波のエネルギーはとても大きく、広いはんいで被害を出す危険があります。東日本大震災で起こった津波は、東北地方と関東地方の太平洋沿岸部の広いはんいで大きな被害を出しました。そして、日本だけでなく、津波は太平洋をわたって北アメリカの西海岸や南アメリカのチリまでとどいていました。反対に、1960（昭和35）年のチリ地震で発生した津波が、日本の沿岸をおそい、大きな被害をもたらしたこともありました。

日本

太平洋

チリ

津波は太平洋をわたり、チリまでとどいた。

東日本大震災の津波。
[写真：仙台市]

津波はどうして起こるの?

津波はどのようにして起こり、陸地におしよせるのか
そのしくみを見てみましょう。

 ## 津波が起こるしくみ

〔 地震で海面が盛りあがる 〕

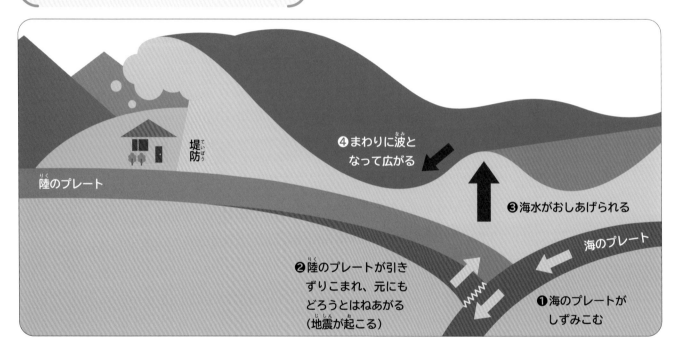

堤防

陸のプレート

❶海のプレートがしずみこむ

❷陸のプレートが引きずりこまれ、元にもどろうとはねあがる（地震が起こる）

❸海水がおしあげられる

海のプレート

❹まわりに波となって広がる

地球の表面の海のプレートが陸のプレートの下にしずみこみ、引きずりこまれた陸のプレートが、元にもどろうとはねあがると、地震が発生します。その時、海面が盛りあがり、波となってまわりに広がっていきます。沿岸部で波は高くなり津波となって、陸地におしよせます。日本のまわりには４つのプレートがあるので、海底が震源の地震が多く発生します。

ユーラシアプレート

北アメリカプレート

太平洋プレート

フィリピン海プレート

日本を取りまく４つのプレート。

津波の速さと高さ

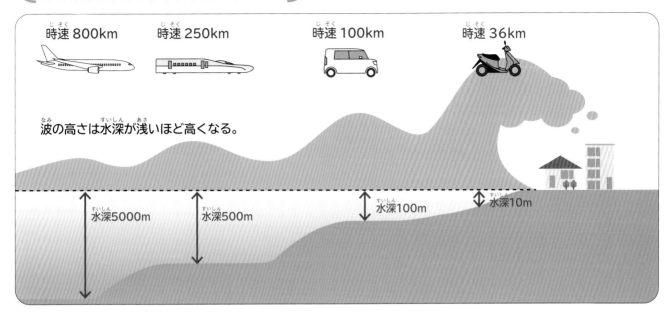

時速 800km

時速 250km

時速 100km

時速 36km

波の高さは水深が浅いほど高くなる。

水深5000m

水深500m

水深100m

水深10m

津波が伝わる速度は、水深が深いほど速くなります。水深が浅いところでは速度は落ちます。それでも、海岸ふきんでは時速36km程度の速さがあります。津波がきてから走っても、にげ切ることはできません。

また、津波の高さは、水深が浅いほど高くなりますが、沿岸部の地形によって変わります。

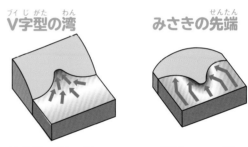

V字型の湾

みさきの先端

V字型の湾の奥やみさきの先端では、波が集中するので津波は高くなる。

津波は川をさかのぼる

海からはなれている場所だからといって、津波の心配がないわけではありません。津波が川をさかのぼり、河口から遠くはなれた場所に大きな被害をもたらすことがあります。

東日本大震災では、津波が宮城県石巻市追波湾の河口から北上川を約50kmさかのぼりました。河口での津波の高さは7m以上ありました。被害は河口から12kmの場所までおよび、石巻市北上地区と大川地区では、海と川からの津波で命を落とした人が600人をこえました。

津波シミュレーション | それぞれの場面で自分ならどうするかを考えてみましょう。

問4 津波がきた時に、危険がある場所はどこかを考えてみよう

下の絵は、ボーサイ東町の河口近くの地図です。津波がきた時に、どこが危険な場所になるかを予想して、指でなぞってみましょう。

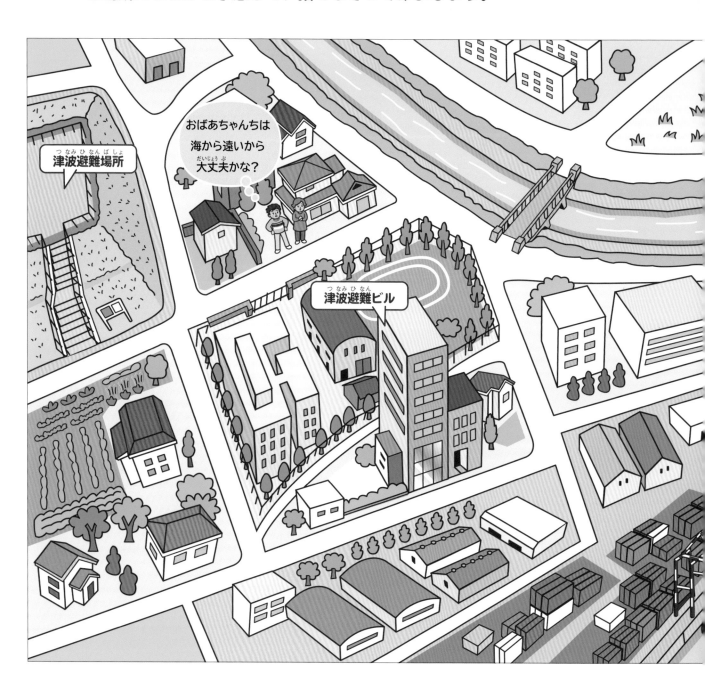

地形を見て、津波で浸水しそうな場所を予想してみよう

津波がきたら海岸あたりは危険だと思うけど……

→ 次のページの解説を見てみよう

33

解説 ハザードマップを見てみよう

地震が起こった時に、海の近くにいたら津波に気をつけましょう。また、津波の被害は海のそばだけに起こるわけではありません。津波が川をさかのぼり、川沿いの地域に被害をおよぼすかもしれません。

ボーサイ東町の絵とハザードマップを比べてみると、海の近くだけでなく、川沿いも被害が起こりやすいことがわかります。

ハザードマップは、こう水や土砂災害、津波などの被害を予想して、危険な場所をしめした地図です。国や都道府県、市区町村などで作られて配布されます。

自分の家の近くに海や川がある場合は、ハザードマップを確認しておきましょう。どの道を使ってどこに避難したらいいかを、友だちといっしょに考えてみましょう。

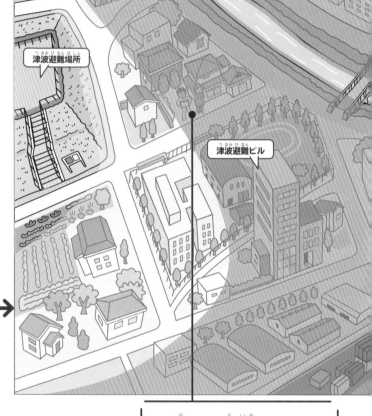

ボーサイ東町 ハザードマップ 津波

津波浸水想定区域
浸水深（地面から水面までの高さ）

	3m 以上
	0.5m ～ 3m 未満
	0.01 ～ 0.5m 未満

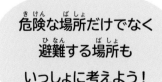

危険な場所だけでなく避難する場所もいっしょに考えよう！

川沿いの地域

海から遠くても、津波が川をさかのぼってくることがある。川が近くにある場合は、ハザードマップで津波の浸水深を確認してみよう。

✏️ 津波の危険や避難場所を表すマーク

「津波注意」は、津波におそわれる危険がある地域を表している。「津波避難場所」は、津波からのがれる安全な避難場所や高台、「津波避難ビル」は高台などが近くにない時に一時的に避難できるビルのこと。それぞれハザードマップや標識などで使われている。

 津波注意

 津波避難場所

 津波避難ビル

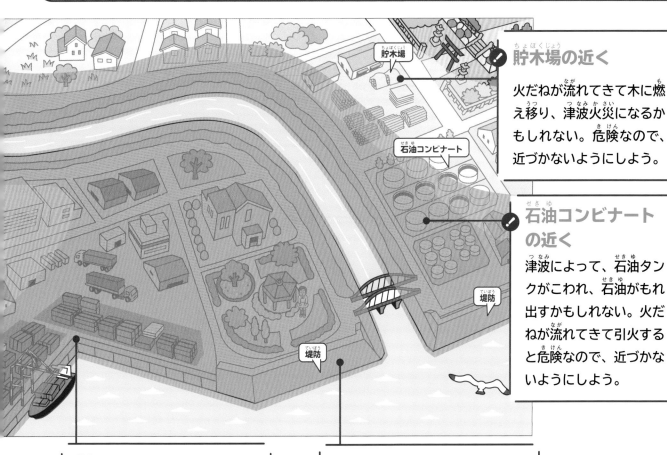

✏️ 貯木場の近く

火だねが流れてきて木に燃え移り、津波火災になるかもしれない。危険なので、近づかないようにしよう。

✏️ 石油コンビナートの近く

津波によって、石油タンクがこわれ、石油がもれ出すかもしれない。火だねが流れてきて引火すると危険なので、近づかないようにしよう。

✏️ 港の近く

港の形によっては、津波が高くなるかもしれない。Ｖ字型に入りくんだ港は、津波が高くなる可能性が高い。地震が起こったらすぐ海からはなれよう。

✏️ 堤防のある海岸

堤防は津波を防ぐものだけれど、堤防があるからといってにげずにいると、大きな津波にのまれることがある。地震が起こったら、海岸からはすぐはなれよう。

 まとめ

公助：ハザードマップは、国や市区町村などで作られて配布されている。

自助：ハザードマップで、津波の被害が起こりやすい場所と避難場所を調べておこう。

津波にそなえてできること

 自助 共助 公助

津波による災害が予想されると、国の機関である気象庁から津波警報・注意報が発表されます。どんなことに注意し、どんな行動を取ればいいのかを知っておきましょう。また、家族がばらばらに避難した時に、連絡する方法を話し合って決めておきましょう。

津波警報・注意報のちがいを知ろう

津波警報・注意報は、3つの段階に分かれています。市区町村は、気象庁の発表を受けると、すぐに防災無線や広報車などを使って、広く住民に避難行動を起こすようによびかけます。

津波警報・注意報は
3つの段階に
分かれているよ

津波注意報

波の高さ：0.2m以上1m以下
被害の予想：海の中にいる人は、津波の速い流れに巻きこまれる。
小型船が引っくり返る。
行　　動：海にいる人は、ただちに海から上がり、海岸からはなれる。

▼

津波警報

波の高さ：1mをこえ、3m以下
被害の予想：低い土地では津波におそわれ、浸水被害が出る。
人は津波の流れに巻きこまれる。
行　　動：沿岸部や川沿いにいる人は、ただちに高台や避難ビルなど安全な場所へ避難する。

▼

大津波警報

波の高さ：3mをこえる高さ
被害の予想：木造の家がこわれて流される。
人は津波の流れに巻きこまれる。
行　　動：かなり広いはんいに津波がおよぶ危険があるため、沿岸部や川沿いにいる人は、ただちに高台や避難ビルなど安全な場所へ避難する。

家族で取るべき行動を決めておこう

■ 避難する場所や集合場所を決めておく

災害は、家族がいっしょにいる時に起こるとはかぎりません。津波などの災害が発生した時にすぐ避難する場所や、危険がなくなって避難した場所から移動できるようになった時に、集まる場所を決めておきましょう。集合場所は、「避難所Aの門の前」など具体的に、また家族が来るまで何時間も待たなくてすむように、集合するタイミングも決めておくとよいでしょう。

■ 三角連絡法で伝言する

災害が起こると、電話の回線が混雑して、同じ被災地にいる家族と電話がつながりにくくなります。はなれた場所に住む家族や親せき、知人を連絡先にして、自分の無事や状況などを伝えてもらいましょう。これは三角連絡法とよばれています。

■ 災害用伝言ダイヤル、災害用伝言板

災害が起こった時に、電話や携帯電話、パソコンなどで伝言をする連絡方法があります。また、大きな災害時は公衆電話が無料で使える* ようになります。ただし、停電時にバッテリーが切れると使えない公衆電話もあります。

災害が午前なら昼の12時、午後なら夕方5時に、避難所Aの門の前に集合しよう

遠くの親せき

ダイチ　無事だって　お母さん　無事だって

無事だよ　無事だよ

避難所A　同じ被災地内ではつながりにくい　避難所B

公衆電話は受話器を取ってから171をおそう

[写真：PIXTA]

災害用伝言ダイヤル（171）
171番に電話をかける

無事だよ　無事だよ

録音　再生
171 災害用伝言ダイヤル
再生　録音

無事です　無事です

災害用伝言板（web171）
「災害用伝言板」にアクセスする

✓無事です　✓無事です

登録　確認
web171 災害用伝言板
確認　登録

✓無事です　✓無事です

---

*公衆電話が無料で使える：デジタル公衆電話の場合。

大津波警報が発表されたら、どのように行動する?

学校からの帰り道、ダイチは防災スピーカーから、右のような大津波警報の発表を聞きました。どの道をどうにげるとよいかを考えましょう。

15時6分、ボーサイ東町に
大津波警報が発表されました。
3mをこえる津波が
予想されます。ただちに
高い場所に避難してください。

→ 次のページの解説を見てみよう

自助（じじょ）

共助（きょうじょ）

海の近くにいる時に地震が起こったら、津波がくるかもしれないと考え、すぐに海岸からはなれましょう。そして、津波警報・注意報に注意して、どこへどこまでにげたらいいかをすばやく判断できるように、ふだんから考えておきましょう。

津波警報・注意報は、地震の震源が陸地に近いと、発表が津波に間に合わないことがあります。強いゆれや何十秒も続く長いゆれを感じた時は、津波警報・注意報の発表を待たずに、すぐに高台や3階以上のビルのいちばん上の階に避難しましょう。

※過去の地震で3階建てでも津波にのみこまれた場所もある。できるかぎり高い建物の上の階を目指そう。

✎ 「津波てんでんこ」でにげる

「津波てんでんこ」とは、昔から津波の被害が多い東北の三陸地方の言い伝えだ。これは「津波が起こったら家族がいっしょにいなくても探さず、てんでんばらばらに高台ににげ、まずは自分の命を守れ」という意味。過去の悲しい体験をくり返したくないという、地域の人たちの気持ちが言い伝えとして語りつがれている。

家族や友だちは心配だけれど、お互いに自分の命を守る行動をしているはずだと信じて、できるだけ高い場所ににげよう。

きっと避難しているはず

ボーサイ東小学校

✎ 学校にはもどらない

ダイチのいる場所だと、学校よりも津波避難場所の高台のほうが海よりも遠く、高い場所になる。学校にもどってはいけない。

✐ にげる姿がまわりの避難をうながす

みんなが「津波てんでんこ」で、いっせいににげれば、その姿を見ることによって、まわりの人もどんどん避難をはじめる。また、「にげろー！」とさけびながら走ると、まわりの人が災害に気づきやすくなる。自分がにげることや、「にげろー！」とさけぶことが、多くの人の命を救う、共助につながることもある。

✐ 近くの高台に避難する

近くの津波避難場所や高台に避難しよう。高台がない時は津波避難ビルや3階以上のビルに避難しよう。この絵の場合は、津波避難場所の高台に避難しよう。

✐ 家にもどらない

家が海に近づく方向だったり、避難場所までの道すじからはなれていたり、避難場所から遠いところにあったりしたら、家の人が心配でも家にもどらず、高台へ避難しよう。

ダイチの家

津波避難ビル

津波避難場所

✐ 避難の手助けをする

津波がくるまでに時間のよゆうがあったら、お年寄りなどひとりでは避難が難しい人を手助けしてあげよう。ただし、無理をしてはいけない。

まとめ

自助：津波がきたらすぐに高台へにげ、まず自分の命を守ることが大切。
共助：大声でまわりの人に避難をうながすなど、できるはんいで助け合おう。

41

街のハザードマップを作ろう

自分の街に災害が起こった時、どんな危険があるか、どこに避難したらいいかを、くわしく知っておくと、あわてずに安全に避難することができます。国や市区町村のハザードマップを見たり、自分の家のまわりを調査したりして、自分の街のハザードマップを作ってみましょう。街を調査する時は、大人といっしょに歩くようにしましょう。

この本の最後にハザードマップを作成するためのチェック表があるよ。コピーして使おう

① ハザードマップにかかれた情報を確認する

自分の地域のハザードマップを見て、浸水や土砂災害が起こりやすい場所や、避難できる場所を確認しましょう。

② 街を歩いて危険な場所と避難できる場所を確認する

右の「調査する場所」を参考に街を歩いて、危険だと思う場所や避難できる場所を調査してみましょう。写真を撮っておくと、あとで整理しやすくなります。また、公衆電話や消火栓など、災害時に助けになるものを探してみましょう。

調査する場所

● 指定された避難場所や避難所、避難ビル
● 指定されてはいないが避難できそうな場所（３階以上のビルや高台など）
● ハザードマップに記されていた危険な場所
● 公衆電話や消火栓など、災害時に助けになるもの
● 橋やがけ、くずれそうなブロックべいなど危険だと思った場所

③ 街の地図に調べたことをレイアウトする

大きな紙に街の地図をかいて、わかったことや撮った写真をはってまとめると、だれにでもわかりやすいハザードマップを作ることができます。右のレイアウトの例を参考に、自分の街のハザードマップを作ってみましょう。

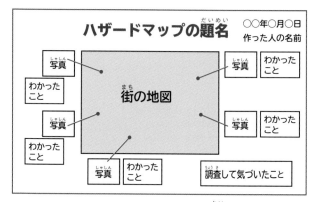

「ハザードマップ」のレイアウトの例

④ 調べてわかったことをみんなで役立てよう

　ハザードマップを作ってわかった情報を、家族や友だち、近所の人に伝えて、災害が起こった時にそなえましょう。クラスや地域の人に向けて発表会をしたり展示をしたりして、情報を共有し、多くの人の役に立つ活動にしましょう。

手作りハザードマップしょうかい
外国人にやさしいひなんマップ

　福島県相馬市の川原町児童センターのみつばち防災探検隊は、「外国人にやさしいひなんマップ」を作りました。みつばち防災探検隊は、外国人用のハザードマップがないことに気づき、市内に住む外国人にアンケートを取ってみました。すると、避難場所がわからないという回答が多くありました。そこで、自分たちで外国人用のハザードマップを作ることにしたのです。辞書を引いたり、外国人に翻訳を手伝ってもらったりして、避難所や病院など、災害時に必要な場所を英語表記で地図に記しました。

　この取り組みは2020(令和2)年「第17回小学生のぼうさい探検隊マップコンクール」で「まちのぼうさいキッズ賞」を受賞しました。

みつばち防災探検隊が作った「外国人にやさしいひなんマップ」。　　　　　　[写真：朝日新聞社]

地域の施設と連けいした防災活動

和歌山県広川町立広小学校

クイズを用いて防災に
関する知識を伝える。

稲むらの火の館での活動の
ようす。津波ハザードマッ
プを使い、将来起こる地震
へのそなえをうったえる。

　和歌山県有田郡広川町に、「稲むらの火の館」という、津波防災を広めることを目的とした施設があります。この地域は、1854年に安政南海地震によって大津波が起こった時、稲むら*に火をつけて村人を高台に導き、多くの命を救った濱口梧陵という偉人が生まれた場所です。そして、この濱口梧陵のお話が「稲むらの火」として語りつがれています。

　広川町立広小学校は、稲むらの火の館と連けいして、防災活動の取り組みをはじめました。5、6年生が、年間10回程度の学習会を開き、地震や津波、濱口梧陵について学び、防災知識を身につける活動を行っています。

　また、関西大学や龍谷大学の先生や学生たちといっしょに、濱口梧陵や防災に関するクイズを考え、稲むらの火の館の来場者に答えてもらうなど、クイズの案内役としても活動しています。

　地震や津波、濱口梧陵について深く知り、「人命を尊重すること」「助け合うこと」「避難時の行動」を学ぶことはとても大切なことです。しかし、もっと大切なことは、自分や家族、大切な人を守るためにも、学んだ知識を多くの人に広めていくことです。

　稲むらの火の館と広小学校は、災害時に率先して行動できる人が育つことを願って、この活動を長くつないでいます。

　*稲むら：田んぼからかり取った稲を乾燥させるために外に積みあげたもの。

震災時に多言語放送を行った災害FM

FMわぃわぃ

FM わぃわぃの
放送室のようす。

1995 年に当時の
ボランティアが建て
た木造のスタジオ。

「FMわぃわぃ」は、1995（平成 7 ）年 1 月17日に起こった「阪神・淡路大震災」をきっかけに誕生しました。阪神・淡路大震災のような大災害が起こると、被害も大規模になります。そして、社会的に弱い立場にある、子どもや高齢者、障がい者は避難がおくれることもあります。同じように、外国人も言葉が通じないことから、必要な情報を受け取ることができずに、不自由で心細い状況に追いこまれます。

FMわぃわぃは、そんな外国人のために、日本語、韓国・朝鮮語、中国語、ポルトガル語、タガログ語、ベトナム語、タイ語、スペイン語、英語、アイヌ語など、対応言語は必要に応じて変わりますが、さまざまな言語で生活や地域、行政情報などを届けています。FMわぃわぃの開局は、全国的に多言語放送が広がるきっかけとなったのです。また、放送だけでなく、地域の人々が集い、情報交換をする場にもなっています。

多様化していく社会のなかでは、防災計画もいろいろな国の人たちの意見を取り入れて反映させていくことが大切です。FMわぃわぃの取り組みは、「地域ぐるみの防災」をすすめるためにも、今後も重要な役割が期待されています。

現在、FMわぃわぃは、多文化共生のまちづくりを目指し、電波放送からインターネット放送にうつして放送を続けています。

　この本を手にとってくれた、みなさん！　みなさんは、災害ってこわいなあ、おそろしいなあと感じたでしょうか。本を読み進めるのが、ちょっとしんどいなあと思ったでしょうか。

　でも、だいじょうぶです。この本は、みなさんの「考える力」をきたえるために作られています。何度も読み返すうちに、「大切なこと」が身について、どんどん「防災力」がアップするようになっています。

　ここでは2つ、何が大切なのか、ポイントをおさえておきたいと思います。まず、1つめは、「こまったときはお互いさま」という言葉（4ページを見よう）です。災害は、たしかにこわいです。被害が発生したら、ものすごくしんどいです。でも、みんなが力を合わせれば、きっと乗りこえられます。日本列島にくらす人たちは、そうやってずっとむかしから災害に向き合ってきたのですから。もし、災害時、こまっている人がいたら、手をさしのべてあげましょう。自分がこまった事態におちいったら、ためらわずに助けを求めましょう。

　大切なポイントの2つめは、「防災」というおこないの利点をのばすことです。「防災」とは、こまったことが起こる前に、いまのうちにできるかぎりの備えを進めておくことです。そしてこのときも、互いに力を出し合います。みんなで知恵や工夫を寄せ合うのです。このシリーズの第1巻では、「おはしもて」という避難の合言葉がしょうかいされています（21ページを見よう）。しかし、このアイデアは、いつでもどこでも正解になるとはかぎりません。「は」＝「走らない」とはいうけれど、海のすぐ近くの学校であれば、津波がせまってきたら、全員、避難場所まで走って逃げることでしょう。そして、「て」＝「低学年優先」で列をつくったら、うまくスピードが出ませんよね。じゃあ、どうしましょうか？　低学年の手を高学年が引いてあげながら、いっしょに駆けていけば、みんなが無事に助かるのではないでしょうか。あらかじめ、自分たちの学校や地域で独自の避難ルールを考えておけば、混乱しなくてすみますよね。

　防災は、自然と人との"知恵のくらべっこ"です。わたしたち一人ひとりの力が小さなものであったとしても、互いの力を重ねれば、とても大きな力になるのです。友だちや家族、地域の人たちと、いっしょに防災に取り組んでいきましょう！

関西大学教授　近藤誠司

さくいん

監修　近藤 誠司　（こんどう せいじ）

関西大学社会安全学部安全マネジメント学教授。1972年愛知県生まれ。京都大学法学部卒業。元NHKのディレクターで、1995年に起こった阪神・淡路大震災では初日から現地取材に入り、以来、災害関連の番組を数多く制作。NHK スペシャル『MEGAQUAKE 巨大地震（第2回）』で内閣総理大臣賞（科学技術映像祭）受賞。大学では、災害情報・防災教育について教えている。令和元年度「ぼうさい甲子園」グランプリ受賞。2019年・2020年には「ジャパン・レジリエンス・アワード（教育機関部門）」で金賞を連続受賞。

装丁・本文デザイン	：	倉科明敏（T.デザイン室）
表紙・本文イラスト	：	おぜきせつこ
説明イラスト・地図	：	坂上暁仁、上薗紀耀介（303BOOKS）
編集制作	：	常松心平、小熊雅子（303BOOKS）
協力	：	古谷成司（富里市立富里南小学校）
写真	：	朝日新聞社、FMわいわい、Cynet Photo、仙台市、大東四條畷消防本部、東京消防庁、PIXTA、広川町立広小学校、みつばち防災探検隊

これからの防災　身につけよう！自助・共助・公助
1　地震・津波

発　　　行　　2022年4月　第1刷
　　　　　　　2024年2月　第2刷

監　　修　　近藤誠司
発 行 者　　加藤裕樹
編　　集　　崎山貴弘
発 行 所　　株式会社ポプラ社
　　　　　　〒102-8519　東京都千代田区麹町4-2-6
　　　　　　ホームページ　www.poplar.co.jp（ポプラ社）
　　　　　　kodomottolab.poplar.co.jp（こどもっとラボ）
印刷・製本　　図書印刷株式会社

Printed in Japan　ISBN978-4-591-17279-7 / N.D.C. 369 / 47P / 27cm
©POPLAR Publishing Co.,Ltd. 2022
P7228001

?! あそびをもっと、まなびをもっと。
こどもっとラボ

全4巻

これからの防災

＼＼ 身につけよう！ 自助・共助・公助 ／／

監修：近藤誠司（関西大学教授）

1 **地震・津波**

2 **台風・大雨**

3 **火山・雷・竜巻**

4 **大雪・猛暑**

●小学校中学年以上向き
●オールカラー
●AB判
●各47ページ
●セットN.D.C.369
●図書館用特別堅牢製本図書

街を歩いて、危険な場所と
避難できる場所を
調べてみよう。
20〜21、42〜43ページを
参考に、危険な場所をさけて
避難する場所までの
道すじを考えてみよう！